Heidrun Kuhlmann

Die Jahreszeiten im Leben einer Frau

johannis

Die »Reihe von Frauen für Frauen« wird herausgegeben von Barbara Jakob.

Bildnachweis:
Umschlagbilder: W. Rauch, Ch. Palma, H. Reinhard, D. Schinner;
Innenbilder: S. 9: Foto Wolf; S. 13: U. Kröner; S. 21: Schneider/Will;
S. 29: W. Rauch; S. 37: M. Mehlig; S. 45: Nägele/IFA-Bilderteam;
S. 53: H. Mülnikel; S. 61: H. Müller-Brunke

Bibliografische Information Der Deutschen Bibliothek
Die Deutsche Bibliothek verzeichnet diese Publikation in der Deutschen Nationalbibliografie; detaillierte bibliografische Daten sind im Internet über http://dnb.ddb.de abrufbar.

ISBN 3-501-07116-7

Johannis-Geschenktaschenbücher
Die Reihe von Frauen für Frauen 07 116
16. Auflage 2006 · 50.–55. Tausend

Umschlaggestaltung: F. Baumann
Gesamtherstellung:
St.-Johannis-Druckerei, Lahr/Schwarzwald
Printed in Germany 16349/2006

www.johannis-verlag.de

Liebe Leserin,

ich möchte die vier Jahreszeiten der Natur, die uns allen vertraut sind – und in deren großem, tragendem Rhythmus wir leben –, vergleichen mit den einzelnen »Jahreszeiten« oder Phasen unseres Lebens. Jede Jahreszeit hat ihre Besonderheiten und ihren Charme, ihre Chancen und Konflikte, ihre Engpässe und weiten Räume. Ich möchte Sie einladen, mit mir auf Entdeckungsreise zu gehen.

Vielleicht fragen Sie sich gleich zu Beginn: »In welcher ›Jahreszeit‹ lebe *ich* denn gerade?« Wir können das nicht wie etwas Statisches an Jahreszahlen fest machen. Manche Zwanzigjährige kennt Zeiten, in denen sie sich unbeschreiblich »alt« fühlt – und manche Frau in reifen Jahren sagt: »Mir ist, als erlebte ich einen ›dritten Frühling‹. Ich komme mir vor wie ein junger Hüpfer. Wo steht das Klavier?«

Jeder erlebt seine »Jahreszeiten« anders, jede Lebensgeschichte nimmt ihren einzigartigen Verlauf. Es kann im Frühling überraschende Schneefälle geben. Nach einem traumhaft schönen Sommertag überrascht uns womöglich ein heftiges Gewitter. Es ist so, wie es ist. In der Natur und in unserer Biographie.

Aber einige Grundstrukturen gibt es doch in den »Jahreszeiten« unseres Lebens – und es ist gut, wenn wir davon etwas wissen. Zunächst einmal möchte ich Ihnen verraten, wie ich zu diesem Thema gekommen bin, von dem ich inzwischen weiß, dass es weit mehr ist als ein »Thema«. Es ist das Geheimnis unseres Lebenslaufes.

Es war an einem herrlichen Sommertag in Minden. Weil es sehr heiß war, habe ich zur Erfrischung einen Cappuccino getrunken – in der Fußgängerzone, vor der italienischen Eisdiele. Dabei habe ich mich einer Beschäftigung hingegeben, die fast alle Frauen mögen: Ich habe die Menschen beobachtet, die an mir vorbeigingen. Sie kennen das: Die jungen Mädchen trugen, was junge Mädchen an heißen Sommertagen halt so tragen: Ganz knappe Höschen, im Neudeutschen »hot pants« genannt. Die Beine straff, braungebrannt und makellos. – Oberhalb der Gürtellinie ein »Leibchen«. Der Bauch ansatzlos gebräunt, aalglatt, knackig und ohne irgendwelche »Macken«, wie sie sich häufig nach der Geburt mehrerer Kinder einstellen. Wir haben vier Kinder. Mein Bauch sieht entsprechend aus.

An diesem Sommernachmittag in Minden wurde ich auf einmal sehr nachdenklich und kam ins Philosophieren über die Vergänglichkeit allen Lebens. Unmittelbar vor dem Cappuccino hatte ich nämlich eine persönliche Krise erlebt, in einer Umkleidekabine. Ich weiß nicht, ob Ihnen diese Erfahrung vertraut ist: Das Licht in manchen Umkleidekabinen ist so ungünstig, dass wir vor dem Spiegel regelrecht zusammenzucken. »Mensch, Heidi!«, hatte ich zu mir selbst gesagt, »irgendwie bist du auch nicht mehr das, was du mal warst. So alt, wie du heute aussiehst, kannst du in Wirklichkeit wahrscheinlich gar nicht werden!«

Was ist das bloß, dass wir heute jung, vital und kraftstrotzend sind – und im Laufe der Jahre bröckelt oder verwelkt alles. Das Leben hinterlässt seine Spuren an uns und in uns!

Unser Verstand weiß das. – Natürlich! Aber an manchen Tagen, in bestimmten Situationen, da geht uns diese einfache Erkenntnis regelrecht unter die Haut.

Wie gehen wir damit um, dass unser Leben seine »Jahreszeiten« hat, dass wir nur für so kurze Zeit Gast sind auf diesem schönen Stern, und dass alles vorübergehend und vergänglich ist? Wie gelingt es uns, das Beste daraus zu machen?

Der Frühling

»Allem Anfang wohnt ein Zauber inne«, sagte Hermann Hesse in seinem berühmten Gedicht von den Stufen. Im Frühling bereiten wir im Garten den Boden vor und legen die Saat. Der Frühling unseres Lebens, unsere Kindheit und Jugend, hat uns geprägt wie keine andere Zeit. Wenn Sie als Kind viel gelobt wurden, wenn man Ihnen etwas zutraute, wenn man Ihnen oft sagte, wie schön das ist, dass Sie da sind – und wenn man verständnisvoll auf Ihre Fragen einging, dann haben Sie es heute leichter mit sich als ein Mensch, der immer nur Druck bekam, der es seinen Eltern nie ganz recht machen konnte und der selten ein lobendes Wort hörte. Ob wir als Erwachsene ein gesundes Selbstbewusstsein haben – oder eine Menge Komplexe mit uns herum tragen, wurde zum wesentlichen Teil schon in der Kindheit entschieden. Unsere Jugend formte uns, je nachdem, in welchen äußeren Rahmenbedingungen wir groß geworden sind. Wer seine Kindheit zur Zeit des Krieges erlebte, hat die Welt gleich von ihrer schlimmsten Seite kennengelernt, musste von Anfang an mit zupacken im Kampf ums Überleben, wurde von klein auf in die Verantwortung genommen.

Kinder, die in unserer Zeit groß werden, erleben etwas anderes. Als junge Eltern möchten wir unserem Kind am liebsten jedes Hindernis aus dem Weg räumen, damit es bloß nicht stolpert, damit ihm das Leben keinen Schmerz zufügt. Wie gerne würden manche Eltern ihre Kinder in Watte packen, damit ihnen der Wind ja nicht zu rau um die Nase weht, damit sie vor allem verschont bleiben, was das Leben an Härten bereithält.

Manche von uns sind mit viel Liebe und Zärtlichkeit groß geworden. Sie haben oft bei Mutter oder Vater auf dem Schoß gesessen und sich eingekuschelt. Sie haben mit allen Sinnen gespürt, dass sie geborgen sind. Andere hatten Eltern, die nie so deutlich zeigen konnten, wie sehr sie ihre Kinder lieben. Da war eine Scheu vor Nähe in der Familie. Manche Berührungsängste von erwachsenen Menschen haben genau hier ihren Ursprung.

Die Kindheit kann uns Spannkraft vermitteln oder verweichlichen lassen, sie kann uns abhärten oder verwöhnen. In unserer Kindheit wird angelegt, ob wir Menschen werden, die sich etwas zutrauen, die sich selbst mögen und die zuversichtlich in die Zukunft sehen – oder ob wir Menschen werden, die voller Angst und Selbstzweifel sind, die mit sich selbst im Clinch liegen und nicht glauben können, für irgend jemanden wichtig und liebenswert zu sein.

Meine Oma schrieb mir ins Poesiealbum: »Wenn dich die bösen Buben locken, dann bleib' zu Haus und stopfe Socken!« Solche Sprüche von Eltern, von Oma und Opa haben eine eigenartige Prägekraft in der Kindheit. Unser Weltbild wurde von solchen markanten Aussagen und Lebensweisheiten ganz entscheidend mitbestimmt. Wir können im Laufe des Lebens noch so viele kluge Bücher gelesen haben, aber jene Sprüche von der Familie, die haben sich ganz tief in uns festgesetzt und fallen uns bei allen passenden und unpassenden Gelegenheiten wieder ein.

Mit welchen Sprüchen sind *Sie* groß geworden? Und was haben diese Sprüche in Ihnen bewirkt?

1950 gab es in Deutschland einen Skandalfilm: »Die Sünderin« mit Hildegard Knef. Im ganzen Land erregten sich die Leute darüber, dass Frau Knef es gewagt hatte, für einen klitzekleinen Moment – ganz ästhetisch – ihren entblößten Busen zu zeigen. Darüber regt sich heute kein Mensch mehr auf. Die Zeiten haben sich geändert. Heute ist in jeder Werbung für Margarine mehr zu sehen! Ob die Zeiten besser oder schlechter geworden sind, das wollen wir gar nicht fragen, das wäre ein eigenes Thema. Auf jeden Fall sind sie heute anders als in den Fünfzigern – und die Moralvorstellungen, die Werte, mit denen wir groß geworden sind, die haben uns ganz entscheidend geprägt. Sprechen Sie mal mit einem jungen Mädchen von heute, das die »BRAVO« liest, über Freundschaft, Liebe und Sexualität – und dann fragen Sie mal ei-

ne Frau, die am Anfang dieses Jahrhunderts groß geworden ist. Dazwischen liegen Welten!

Bei uns zu Hause hieß das früher: »Das Geld, das wir nicht haben, das können wir auch nicht ausgeben«. Ein höchst banaler Satz! Und wenn das Geld nur für ein Viertelpfund Kaffee am Sonntag reichte, dann wurde halt nicht mehr gekauft, jedenfalls lebten wir nicht auf Pump. Anschreiben lassen, das gab's bei uns nicht. – Heute haben die meisten von uns kleine Plastikkärtchen. Mit diesen gehen wir zum Bankautomaten, tippen unsere Geheimzahl ein und können heute schon das Geld abheben, das wir erst im nächsten oder übernächsten Monat verdienen werden. Auch hier wollen wir nicht fragen, welche Zeiten die besseren waren. Unbestritten ist, dass sich auf jeden Fall grundlegend etwas verändert hat. Wer von klein auf lernte, sparsam zu sein, der wird sein ganzes Leben lang ein schlechtes Gewissen haben, wenn er ein Stück Brot in den Mülleimer wirft. Wer hingegen im Überfluss groß geworden ist, wer gewöhnt ist, immer aus dem Vollen schöpfen zu können, der lernt ein entsprechendes Verhalten im Umgang mit Geld, mit Dingen und womöglich auch mit den Menschen!

Mit welchen Werten, mit welchem Weltbild sind *Sie* groß geworden? Und was hat das mit Ihnen gemacht?

Auch prägte uns als Kinder, ob wir in der Stadt

oder auf dem Land groß geworden sind, ob wir mit einem weiten Horizont aufwuchsen, mit Büchern oder Kultur, oder in einer Familie, wo die praktische Arbeit immer auf Platz eins der Prioritätenliste stand. Es prägte uns, ob in unserer Familie eine gute Atmosphäre herrschte oder sehr viel Energie in Konflikten verbraucht wurde.

Meine Tochter, damals im besten Alter von 17 Jahren, sagte eines Morgens nach eingehender Betrachtung im Badezimmer zu mir: »Musste das denn nun sein, dass ich ausgerechnet die breiten Hüften und die schwabbeligen Beine von dir geerbt habe?« Ich weiß, es gibt Schlimmeres, viel Schlimmeres, aber unsere Erfahrungen, unser Erbe sitzen doch tiefer, als wir das eigentlich wahr haben möchten. Ich trage seitdem immer ganz lange Jacken und Pullover, die den Po großzügig bedecken ... Die gewisse genetische Mitgift gehört eben auch zur Prägung in der Kindheit. Wir können nicht wählen zwischen rosigem Teint und Problemhaut, zwischen dickem, vollem Haar oder einem dünnen, feinen Flaum, mit dem kein Friseur etwas Gescheites anfangen kann. Mancher kann schlemmen und bleibt schlank wie eine Tanne und andere essen wie Asketen und trotzdem schlägt die Waage immer weiter aus! Der eine geht bei der kleinsten Aufregung sofort an die Decke und der andere bleibt stets die Ruhe selbst.

Ohne dass uns einer fragt, bekommen wir ein schwaches Bindegewebe, eine empfindliche Galle, ein ganz bestimmtes Aussehen und Temperament mit in die Wiege gelegt. Wir können uns diese äußeren Voraussetzungen zum Leben nicht aussuchen. Wohl oder übel müssen wir uns damit arrangieren. Manche von uns hat schon beklagt, dass ihr das Leben in dieser Hinsicht denkbar schlechte Karten ausgeteilt hat. Sie möchte am liebsten noch einmal ganz neu mischen lassen. Aber es geht nicht! Es ist, wie es ist!

Jede von uns hat bestimmte Begabungen mit auf den Weg bekommen. Jede von uns hat etwas, was sie ganz besonders gut kann und wo ihr Herz höher schlägt. Ob Gartenarbeit, poetische Ader, Häkeln, Musik, Kochen, Gestalten oder Sport, jede von uns hat einen Bereich, wo sie sofort Feuer fängt. Wenn die Mozarts damals ihren Wolfgang Amadeus in eine Schlachterei geschickt hätten, was wäre wohl aus diesem begnadeten Menschen geworden? Wahrscheinlich wäre er eingegangen wie eine Primel, wenn die Eltern gesagt hätten (wie vernünftige Eltern das ja oft – und mit Grund – sagen): »Junge, lern' erst mal etwas Ordentliches. Wenn du erst einmal eine abgeschlossene Ausbildung und ein sicheres Einkommen hast, dann kannst du doch später immer noch Musik machen, wenn dir das so viel bedeutet.« – Wolfgang Amadeus wäre vermutlich kein guter Schlachter geworden. Er wäre wohl innerlich verkümmert, wenn er Tag für Tag hätte Schnitzel einpacken müssen – und die Musik nicht hätte aus sich heraus lassen können, die

er im Kopf und im Herzen hatte und die wie ein Feuer in ihm brannte!

Konnten *Sie* etwas aus Ihrer Begabung machen, aus dem, was in Ihnen steckt als Traum und Begeisterung? Oder mussten Sie vieles aufgeben, weil kein Verständnis, keine Zeit und kein Geld dafür da war? Hatten Sie die Chance, frei auszuwählen, was Sie aus Ihrem Leben machen wollten, oder wurden die Weichen für Sie größtenteils von außen gestellt?

Es gibt auch heute Zwänge, die wir nicht beeinflussen können. Nicht jeder kann das ausleben, was als Traum in ihm steckt. Und dabei spielen Träume eine große Rolle im Leben. Sie sind wichtig. Wir sind immer noch viel mehr als das, was wir Wirklichkeit nennen. Wie gehen wir mit unseren Lebensträumen um?

Traummänner sind selten und kostbar wie Trüffeln. Damit Sie mich nicht in eine »falsche Schublade« stecken, sage ich den anderen Satz gleich hinterher: Traumfrauen sind auch so selten und kostbar wie Trüffeln. Immer dann, wenn wir uns ein Idealbild von einem Menschen schaffen, egal, ob vom Ehepartner, von der Freundin oder von unseren Kindern, ist die Enttäuschung schon vorprogrammiert. Das geht gar nicht anders! Es gibt keinen Menschen, der einem Ideal entspricht. Wir haben alle miteinander nicht nur Schokoladenseiten.

Wir haben alle auch unsere Ecken und Kanten. Wir sind verständnisvolle, herzensgute, tüchtige, wunderbare Frauen. Doch! Aber es gibt Zeiten, da können wir kleine Biester sein. Das gehört zum Menschsein dazu! Wer das weiß und akzeptiert, der hat eine äußerst wichtige Lektion im Umgang mit anderen verstanden! Ich selbst muss keinem Ideal entsprechen, und der andere auch nicht! Das macht frei! Zur Liebe gehört, dass sie einen Menschen annimmt, wie er ist – und ihn nicht umerziehen will zu dem Bild, wie sie ihn gerne haben möchte.

Natürlich träumen junge Mädchen von einem »Traumprinzen«. Verständnisvoll soll er sein, treu und zuverlässig, fleißig, zärtlich, kinderlieb und stark. Auf der einen Seite soll er häuslich sein, aber wenn wir ausgehen, sollte er schon etwas darstellen, kontaktfreudig, charmant und ein guter Tänzer sein. In einem Schlager klingt das so: »Ein bisschen Goethe, ein bisschen Bonaparte, so soll er ausseh'n, der Mann, auf den ich warte!« Wir ahnen, dass so ein Traumprinz erst gebacken werden müsste.

Wir wissen auch, dass solche Träume sehr schnell von der Wirklichkeit überholt werden. Aus Romantik wird Alltag und »Hausmannskost«. – Und manche Frau fällt sehr schnell aus dem »siebten Himmel« auf den Boden der Tatsachen. Davon können viele ein Lied singen. Das gehört wohl auch zum Frühling des Lebens dazu, dass wir manchen Traum fahren lassen – und lernen müssen, mit der Wirklichkeit umzugehen.

Das Vergleichen mit anderen hilft uns jedoch nicht weiter: Warum fällt der alles in den Schoß, und ich muss um alles kämpfen? Warum kommt die so gut an, und ich bin eine graue Maus? Warum muss ich immer so viel büffeln, und sie schreibt die Zweien ohne nennenswerten Einsatz? Warum hat die so einen tollen Mann bekommen, und ich so einen …? Das Vergleichen mit anderen macht unzufrieden. Da sehen wir ohnehin meist nur die Rosinen und nicht die bittere Kehrseite.

Wichtig ist, dass wir mit unserem Startkapital fürs Leben versöhnt sind: Mit unserem Körper, mit unserem Aussehen, mit der Familie, in der wir unsere Wurzeln haben, mit unserem Geschlecht, mit unseren Grenzen, mit unserem Können und Nicht-Können, mit der anfälligen oder robusten Gesundheit.

Ein mutmachendes Beispiel dazu: Golda Meir, die ehemalige Premierministerin von Israel, schreibt sinngemäß in ihrer Biographie: »Ich war nie eine Schönheit. Als ich erwachsen wurde, wusste ich bald, dass ich mit meinem Aussehen keinen Blumentopf gewinnen konnte. Ich musste mir irgendetwas anderes suchen, wenn ich etwas bewegen wollte, wenn etwas aus mir werden sollte. Auf diese Weise war ich gezwungen, meine inneren Quellen anzuzapfen!« – Golda Meir studierte und arbeitete so fleißig wie kaum eine andere und wurde zu einer der großartigsten Frauen unseres Jahrhunderts, die als Politikerin außerordentlich viel in Bewegung setzte.

Genau dies lässt sich oft beobachten, z.B. bei Behinderten oder bei Menschen, die in irgendeiner Weise vom Leben benachteiligt sind: Wer in einem Bereich seines Lebens stark benachteiligt ist, entwickelt auf einem anderen Gebiet oftmals ganz erstaunliche Fähigkeiten und ist zu überdurchschnittlichen Leistungen fähig.

Egal, wie unser Startkapital aussieht, egal, was in unserer Kindheit vielleicht schief gelaufen ist, auf dem Weg zum Erwachsenwerden kommen wir an den Punkt, wo wir sagen können und sollten: »Ich bleib' nicht dabei stehen, mir selbst Leid zu tun. Ich kann aus allem etwas machen!«

Aber dies gilt auch: Wenn Sie hin und wieder einen Menschen treffen, der es schwer hat mit sich selbst und mit seiner Welt, dann fragen Sie doch einmal ganz vorsichtig nach, wie denn wohl seine Kindheit und seine Jugend aussah. Es ist ja allgemein bekannt, dass ein schlechter Frühling die Ernte äußerst negativ beeinflussen kann. Eine Kindheit, in der manches sehr belastend war, in der wir schlimme Verletzungen erlebt haben, kann wie ein Schatten über einem ganzen Menschenleben liegen. Und umgekehrt: Eine Kindheit, in der wir Geborgenheit erlebt und Urvertrauen ins Leben bekommen haben, ist eine Kraftquelle für alles, was uns auf unserem Lebensweg begegnen wird. Wie war er denn, Ihr Frühling?

Zum Frühling gehören auch Ersterlebnisse. Diese haben ihren ganz besonderen Charme. Das erste Grün der Bäume Ende April/Anfang Mai ist bezaubernd schön. Ein so zartes Grün gibt es im ganzen Jahr nicht wieder. Der erste Erdbeerkuchen, der erste Spargel und der erste Grünkohl schmecken immer am allerbesten. Erinnern Sie sich noch an Ihren ersten Kuss, an Ihre erste große Liebe, an Ihren ersten Tanz, das erste selbst verdiente Geld, die erste Wohnungseinrichtung, den ersten großen Urlaub? »Allem Anfang wohnt ein Zauber inne.« – Das hat Hermann Hesse wohl damit gemeint.

Der Sommer

Im Sommer sind die meisten Weichen gestellt. Die Würfel sind gefallen. Aus vielen Wahlmöglichkeiten, die uns offen standen, haben wir entschieden, wie wir unser Leben gestalten wollen. Die sommerliche Frau hat in der Regel einen Beruf. Sie hat einen Partner, wenn sie sich für diesen Weg entschieden hat – und vielleicht auch Kinder. Sie hat eine Wohnung eingerichtet, einen Freundeskreis aufgebaut und weiß, was sie will. Alles ist angelegt und muss nun gepflegt werden.

Der Babyspeck ist weg. Wir sind innerlich stabiler. Wir haben schon eine Menge Erfahrungen gesammelt und wanken nicht mehr so leicht hin und her zwischen himmelhoch jauchzend und zu Tode betrübt. Wir haben unseren eigenen Stil gefunden – und brauchen auch nicht mehr so viel Schlaf wie die Frühlingsfrau.

Im Sommer wirft uns so leicht nichts um. Wir sind auf der Höhe der Lebenskraft, im Zenit. Wir sind in den sogenannten »besten Jahren«!

Der Sommer in der Natur ist die Zeit zum Genießen, die Zeit der schönen, langen Abende auf der Terrasse, die Zeit, wo mehr als sonst gefeiert und gegrillt wird, wo die Lebensfreude überschäumt, die Zeit, um in der Sonne zu sitzen und zu faulenzen ... Die Saat ist gelegt, alles wächst von selbst. Herrlich!

Und die Sommerfrauen? Wie erleben sie ihre »besten Jahre«, die schönste Zeit des Lebens? Die meisten Sommerfrauen haben kaum Zeit, in der Sonne zu sitzen und das Leben zu genießen. Die Kinder halten uns pausenlos in Bewegung – äußerlich und innerlich. Im Beruf sind die »heißesten« Jahre angesagt. Wenn jemand Karriere machen möchte, dann jetzt! Die alt werdenden Eltern brauchen uns mehr als vorher, unsere Besuche, unsere guten Worte, vielleicht auch konkrete Hilfe oder Pflege. Emotional ist auch eine Menge zu verarbeiten. Wer als Mutter ein Mädchen in der Pubertät hat, der wünscht sich manchmal, die hohe Kunst zu beherrschen, die da heißt: »Wie umarme ich einen Kaktus?« Es ist zuweilen nicht einfach, an die jungen Damen heranzukommen. Auf dem Weg zum Erwachsenwerden sind sie oft widerborstig und schwierig. Das ist das natürlichste von der Welt. Irgendwann auf dem Weg zur Selbständigkeit muss die Nabelschnur durchschnitten werden.

Manche Frauen finden kein entspanntes und gesundes Verhältnis zu ihrer Mutter. Egal, ob wir 30, 50 oder 60 Jahre alt sind, wir bleiben immer das Kind, solange Mutter lebt. Wer eine dominante Mutter hat, der weiß, wie schwer es ist, selbstän-

dig und erwachsen zu werden an ihrer Seite. Mutter geht bei vielen Frauen wie eine innere Stimme mit. Sie fragen sich bei allem, was sie tun und entscheiden: »Was würde Mutti dazu sagen?« Und wenn es Mutti schlecht geht, legt sich auch über uns ein Grauschleier. Wie geht das, Mutti nicht zu verletzen und lieb zu haben – und gleichzeitig selbstbewusst den eigenen Weg zu gehen, den eigenen Freiheitsdrang nicht zu unterdrücken?

Schwiegermütter sind für viele Frauen ein ganz besonders sensibles Thema, vor allem dann, wenn die Frauen in das Haus des Mannes eingeheiratet haben. Ich weiß, es gibt wunderbare Beziehungen, wo Schwiegermutter und -tochter wie Freundinnen zusammenwachsen. Aber es ist nicht so leicht, wenn zwei Frauen den selben Mann lieben. Und wenn der Gatte dann zum fünften Mal gesagt hat : »Meine Mutter hat den Grünkohl aber immer anders gekocht«, dann hinterlässt das Spuren. Da wird genau beobachtet, wo er sich Rat holt, wo er sich ausweint und wem er mit der größeren Aufmerksamkeit begegnet …

Viele Sommerfrauen kennen dieses Gefühl: Es ist, als hättest du deinen Garten wunderschön angelegt und jetzt ist keine Zeit und keine innere Ruhe, um dich hinein zu setzen und alles zu genießen! Dann spüren wir vielleicht: Wir haben uns zuviel zugemutet, zuviel gewollt; es wächst uns alles über den Kopf. Mein Leben kommt mir vor, wie ein Karren, den ich ziehen soll und der mir viel zu schwer ist. Ich fühle mich wie eine Kerze, die an beiden Seiten angezündet ist. Ich bin ausgebrannt und überfordert. Ich werde gelebt, anstatt selbst die Fäden in der Hand zu halten. Wir sehen keine Sonne mehr. Es wird uns alles zuviel. Wir kommen gar nicht mehr zur Besinnung, fühlen uns wie ein Mensch, der ständig gejagt wird, erschöpft und müde!

Eigentlich wäre von Zeit zu Zeit die Frage dran, die wir uns für den Garten regelmäßig stellen: Müsste ich in meinem Leben nicht einmal ganz gewaltig auslichten, damit das, was wesentlich ist, sich richtig entfalten kann – und nicht eines das andere am Wachsen und Gedeihen hindert? Von den Solitärpflanzen wissen wir das doch – die brauchen viel Platz und Sonne! Wenn im Garten alles ineinander wuselt, nimmt es sich gegenseitig den Lebensraum. Die Winzer beschneiden ihre Weinstöcke rigoros. Die sollen nicht ins Kraut schießen. Die Qualität der Frucht soll stimmen.

Was soll sich bei mir entfalten?
Wem möchte ich viel Platz einräumen?
Was ist mir wichtig?
Auch wenn die Frage weh tut: Wo müssten wir womöglich etwas beschneiden, damit die Qualität unseres Lebens stimmt?
Immer öfter taucht ein Satz auf wie: »Weniger ist mehr!« – oder »*Einfach* besser leben!« Der kommt nicht aus der alternativen Szene, der kommt von

Menschen, die sich ihr Leben voll gepackt haben und jetzt spüren: Das geht so nicht. Da bleibt etwas ganz Wesentliches auf der Strecke.

Wir freuen uns, wenn wir tüchtig sind, wenn wir viel leisten, wenn alles immer tipptopp in Ordnung ist um uns herum, wenn wir einen großen Freundeskreis um uns versammeln und wenn uns ein voller Terminkalender sagt, wie beliebt und begehrt wir sind. Das schmeichelt unserem Ego, natürlich! Irgendwann aber wird es uns gehen wie dem Wilhelm Voigt im »Hauptmann von Köpenick«, der sagt: »Und denn, denn stehste vor Jott, dem Vater, der allens jeweckt hat, vor dem stehste denn – und der fragt dir ins Jesichte: Willem Voigt, wat haste jemacht mit dein Leben?« Wollen wir dann nicht sagen können, dass wir das Beste aus unserem Leben gemacht haben, was uns möglich war?

Aber irgendwann geht den meisten Sommerfrauen dabei die Puste aus. Wir merken, dass wir nicht allen und allem gerecht werden können. Beim besten Willen nicht! Dann sitzen wir manchmal in der Sonne und frieren ... Es kann sein, dass uns unser Rücken sogar meldet, dass wir uns zuviel aufgeladen haben, und ab und zu sind es auch die Nerven, die blank liegen, weil sie die ständige Hochspannung nicht aushalten. Manchmal kann auch unser Magen vieles nicht mehr verdauen, was wir ihm zumuten. Was wir so gerne verdrängen, sagt unser Körper zuweilen in einer schonungslosen Offenheit! Er zieht die Notbremse, wenn wir uns übernommen haben.

Viele Sommerfrauen trocknen innerlich aus, wie die Sommerblumen, die abends – nach heißen Tagen – auch leicht die Köpfe hängen lassen. Von den Sommerblumen wissen wir ganz genau, was sie brauchen: Sie müssen regelmäßig gegossen und gedüngt werden. Aber wer gibt *uns* im Sommer des Lebens das, was wir jetzt brauchen? Das ist eine ganz entscheidende Frage!

Wir ahnen gar nicht, wie viele Frauen am Verdursten sind und stöhnen: »Keiner weiß, wie's mir geht!« – Nach außen sieht bei vielen alles aus wie perfekt – und in ihnen schreit es, weil sie völlig ausgebrannt sind. »Wenn mein Mann mich wirklich lieben würde, wenn meine Freundin mich mal genau ansehen würde, dann müssten sie doch wissen, wie mir manchmal zumute ist ...!« Aber woher sollen die anderen das wissen, wenn wir ihnen nicht ab und zu etwas Ahnung geben von uns und ihnen ein paar Einblicke in unser Inneres gewähren? – »Ich möchte dir mal sagen, wie mir zumute ist. Lass uns ein Stückchen miteinander gehen. Lass uns eine Tasse Kaffee zusammen trinken. Ich möchte dir sagen, womit ich alleine nicht fertig werde!«

Anstatt uns schmollend ins Schlafzimmer zurückzuziehen oder weg zu gehen, wenn wir beleidigt oder verletzt sind, sollten wir den Mut haben, unsere Stimmungen und Gefühle auch einmal auszusprechen. Ein Baby hat ein Recht darauf, dass es ohne Worte verstanden wird, aber eine erwachsene Frau kann es lernen, sich anderen mitzuteilen und sie teilhaben zu lassen an ihren Gedanken und Empfindungen. Es ist nicht ohne weiteres an unserer Nasenspitze abzulesen, was in uns vorgeht. Wir sehen heute aus wie gestern. Keiner kann in uns hinein sehen, wenn wir ihm nicht eine Tür öffnen. Offenheit im Umgang miteinander ist allemal besser, als wenn unausgeräumte Missverständnisse und Kränkungen vor sich hinmüffeln und die Atmosphäre in uns und um uns herum vergiften.

Wie sieht das Muttersein im Sommer aus? Wenn meine beiden Töchter als Stellenbeschreibung in der Zeitung lesen würden: 60 bis 70 Wochenstunden Arbeitszeit, Urlaub nur in besonderen Ausnahmefällen, nach Absprache, kein Weihnachtsgeld, keine Aufstiegschancen, kein Rentenanspruch – dafür aber einmal jährlich ein nettes Präsent zum gesetzlich verordneten Muttertag, die würden sich an den Kopf fassen! So ähnlich sieht aber die Stellenbeschreibung einer Fulltimemutter und -hausfrau aus. Oder sollen wir sagen: So sah sie aus?

Es hat sich vieles verändert in den letzten Jahren! Der große Gemüsegarten gehört mittlerweile zu den Raritäten. Der Tiefkühlwagen vor der Haustür hat die großen Einmachaktionen abgelöst. Die Wäsche muss nicht mehr gebleicht werden. Es gibt die Mikrowelle und »Frau Maggi«, die für Erleichterung im Haushalt sorgen. Außerdem haben viele junge Frauen eine Haushaltshilfe besonderer Art für sich gewinnen können: Die Ehemänner von heute wickeln die Kinder, fahren mit dem Kinderwagen durchs Dorf, erledigen die Einkäufe, sind regelmäßig zum Putzen eingeteilt, können kochen und sogar ihre Oberhemden bügeln. Es hat sich in der Tat vieles verändert.

Aber – wenn die Frauen von heute nur noch die Hälfte ihrer Zeit für Haushalt und Familie einsetzen müssen, dann bedeutet das nicht, dass sie ihre Freizeit fortan im Schwimmbad, auf dem Tennisplatz oder im Fitness-Studio verbringen. Sie setzen die andere Hälfte im Beruf ein.

Die eine Gruppe der Frauen wählt diesen Weg deshalb, weil sie eine qualifizierte Ausbildung und Freude an ihrer Arbeit haben – und weil es unmöglich ist, z.B. wegen der Kinder die berufliche Tätigkeit für längere Zeit zu unterbrechen. Sonst ist man weg vom Fenster, die Entwicklung würde einen überholen. Die andere Gruppe der Frauen arbeitet, weil ein Gehalt nicht ausreicht. Ob das Gehalt zu klein, das Leben zu teuer oder die Ansprüche zu groß sind, das wollen wir außen vor lassen. Fakt ist, dass ein Gehalt in vielen Familien nicht ausreicht.

Wahrscheinlich ist die körperliche Anstrengung

für die meisten Frauen heute nicht mehr so groß wie früher, aber die nervliche Anspannung hat um ein vielfaches zugenommen durch die Doppelbelastung. Der Stress-Faktor ist erhöht. Mutter ist nicht immer so ausgeglichen, wie sie sein möchte. Es kommt vieles zu kurz, was unter der Überschrift »Lebensqualität« steht.

Wenn ich in meinem Büro sitze und zeichne einen Entwurf für ein Wohnhaus, dann kann ich mich an einer sinnvollen, kreativen und befriedigenden Arbeit erfreuen und habe zusätzlich auch noch etwas verdient! Das jedoch, was ich als Hausfrau und Mutter von vier Kindern den Tag über geleistet habe, ist bis zum Abend entweder wieder verdreckt oder aufgegessen. Genau das macht unser Leben als Hausfrau und Mutter oft zu einer Sisyphusarbeit. Es ist, als würden wir Schnee schieben, während die dicken Flocken ständig weiter vom Himmel fallen. Tag für Tag die gleiche Prozedur, die gleichen Fettreste und Fingerabdrücke – immer und immer wieder die gleichen Handgriffe, nur, um alles am Laufen zu halten. Eine bessere Anerkennung der Arbeit einer Hausfrau und Mutter wäre dringend notwendig, ist sie doch unendlich wichtig für die Familie und für die Gesellschaft. Meiner Meinung nach ist dies einer der wichtigsten Arbeitsplätze im Atomzeitalter! Wenn eine Mutter ausfällt, und eine Familienhilfe gebraucht wird (die nur ca. acht Stunden am Tag anwesend ist und arbeitet), dann wird auf einmal

klar, dass Mutters Arbeit runde 3000 DM im Monat wert ist. 3000 DM für das Bruttosozialprodukt.

Den meisten Frauen würde es schon reichen, wenn ihnen ab und zu jemand sagen würde, was sie wert sind! Zum Beispiel innerhalb der Familie, wenn die Kinder vom Mittagstisch aufstehen und sagen: »Danke, es war mal wieder ganz lecker!« – Oder, wenn wie selbstverständlich jemand in der Küche vorbeischaut und sich ein Tuch nimmt und beim Abtrocknen hilft. – Wir wünschen uns nicht unbedingt große Rosensträuße, wir wünschen uns, dass die Familie an einem Strang zieht, dass sie gemeinsam anpackt und nicht einen zum Lastenträger für alle macht. Etwas mehr Anerkennung von außen, von »oben«, hätten die Frauen auch verdient. Wir wissen das alle, was es für die Zukunft unserer Gesellschaft bedeutet, wenn das Familienleben mit allem, was dazu gehört, auf Dauer zu kurz kommt. Wir ahnen es, welcher gesellschaftliche Schaden entsteht, wenn die kleinste Zelle im Staate marode ist. Heute wird immer mehr, was früher wie selbstverständlich in den Familien geleistet und aufgefangen wurde, an staatliche Stellen delegiert. Weltgestaltung fängt immer im Kleinen an!

Mit den Fernseh-Superfrauen habe ich so meine Mühe. Sie huschen meistens im Vorabendprogramm über unsere Bildschirme. So eine Superfrau kommt kurz vor mittag von ihrer Arbeit nach Hause, im schicken Kostüm, toll gestylt, als wäre sie gerade auf der Schönheitsfarm und beim Friseur gewesen. Über ihrem Arm hängt locker der Einkaufskorb mit allem, was sie für den Haushalt braucht, 3 Stangen Porree gehören im Fernsehen immer dazu! In wenigen Minuten hat sie ein leckeres Mittagessen zubereitet. Und wenn die Familie nach Hause kommt, dann sind alle wohl gelaunt und gesprächig. Es gibt keine Probleme mit schlechten Zensuren oder muffeligen Teenagern. Der Gatte ist nicht genervt von Chef oder Kunden. Es gibt keine skandalösen Telefonrechnungen oder Diskussionen um das anstehende Rasenmähen. Küsschen hier, Küsschen da! Alles ist eitel Sonnenschein! Überall im Haus ist ein weißer Fliesenbelag, auf dem nie ein Krümelchen zu sehen ist – und das angesichts der Tatsache, dass Fernseh-Superfrauen so gut wie nie putzen. Falls doch, benutzen sie Geräte und Mittelchen, bei denen ein kurzer Wisch genügt – und aus dem versifftesten Badezimmer wird in Sekundenschnelle eine blitzblanke Fläche.

Dabei weiß jeder: Superfrauen gibt es nicht. Jede von uns hat ihre Grenzen. Wir überfordern uns damit, wenn wir uns insgeheim an solchen imaginären Übermenschen messen – und meinen, wir müssten das alles immer unter einen Hut kriegen: eine attraktive Partnerin sein, eine im Beruf erfolgreiche Frau, ehrenamtliches Engagement, Taxifahrerin in Tag- und Nachtbereitschaft für die Kids, perfekte Gastgeberin, Krankenschwester für jedes

Wehwehchen innerhalb der Familie, phantasievolle Köchin, Finanzminister, ausgeglichene Gesprächstherapeutin für die Freundinnen, die sich ab und zu ihren Kummer von der Seele reden möchten, liebenswürdige Nachbarin und was nicht alles mehr ...! Oder noch anders gesagt: Du musst aussehen wie ein junges Mädchen, auftreten wie eine Dame von Welt, klug sein wie ein Philosoph und arbeiten wie ein Pferd! Versuchen Sie einmal, das alles in Einklang zu bringen! Sie wissen, was dabei heraus kommt: Eine gestresste, überforderte und innerlich zerrissene Frau, die sagt: »Ich bin mir selbst abhanden gekommen. Zeitweise komme ich mir vor wie mein Schnellkochtopf: Ich stehe so unter Druck, dass nur noch eine Kleinigkeit fehlt – und ich werde explodieren! – Ich kann nicht mehr!«

Es ist im Sommer des Lebens wichtig, dass wir zu uns selbst finden und unsere Grenzen anerkennen, dass wir uns eingestehen, wieviel ungelebtes Leben von uns endlich einmal eine Chance bekommen müsste. Es ist lebenswichtig, dass wir nicht immer nur geben, nicht immer nur für andere da sind, sondern auch wissen, wo wir selbst auftanken und etwas empfangen können.

Sie kennen das Bild, wenn ein Astronaut auf dem Mond spazieren geht und trotz seiner 90 Kilo anfängt zu schweben? Es gibt Stellen auf dieser Welt, da werden Lasten leichter. Ich wünsche Ihnen, dass Sie solche Stellen für sich kennen und regelmäßig aufsuchen! Ich selbst halte sehr viel vom Gebet, vom Wegwerfen meiner Sorgen, vom Einüben in eine große Gelassenheit, weil ich weiß, dass ich als Geschöpf ständig von dem lebe, was der Schöpfer für mich bereit hält. Wenn wir ständig mehr geben, als wir eigentlich haben, wenn wir ständig über unsere Kräfte leben, dann unterhöhlen wir damit unser eigenes Fundament, was soweit gehen kann, dass wir Raubbau an uns selbst betreiben. Damit ist auf Dauer keinem gedient.

Es gibt den Spruch: »Als junge Frau musst du schön sein, damit du geliebt wirst. Als reife Frau musst du geliebt werden, damit du schön bleibst!« Ich glaube, da ist etwas dran: Liebe und Anerkennung können eine Frau in Topform bringen, mehr als Schönheitscremes und -pillen. Aus Anerkennung und Liebe fließen ihr Kräfte und Glückshormone zu, die sie über sich selbst hinaus wachsen und aufblühen lassen.

Es ist kein Geheimnis, dass es einen Unterschied zwischen Mann und Frau gibt. Männer denken anders als Frauen, sie fühlen und kommunizieren anders, sie mögen andere Filme, und Gespräche am Stammtisch verlaufen anders als die beim Kaffeeklatsch. Vielleicht liegt es an der verschiedenartigen Ausprägung der Gehirnhälften. Männer erleben die Welt anders als Frauen. Es ist im Schöpfungsplan so angelegt, dass wir uns als Mann und Frau ergänzen.

Wenn mein Mann und ich miteinander die Tageszeitung lesen, gibt es nie Probleme. Ich fange von hinten an: mit dem Lokalteil, den Todesnachrichten und Heiratsanzeigen. Mein Mann fängt von vorne an mit den Teilen für Politik, Wirtschaft und Sport. Es geht mir hier nicht um eine ausführliche Analyse dieser Frage, aber das simple Beispiel vom Lesen der Tageszeitung bringt uns auf die richtige Fährte: Mann und Frau sind verschieden. Aber sie brauchen einander, um ein Ganzes zu werden. Diese schlichte Erkenntnis tut uns sehr gut für die Ehe, besonders, wenn sie in die kritischen Jahre kommt und wir uns womöglich aneinander aufreiben, weil der Partner so anders ist als wir. So können wir wieder den Glanz entdecken, der über der Gemeinschaft von Mann und Frau steht!

Mögen Sie Unkraut zupfen? Ich nicht besonders. Manchmal stöhne ich: Warum wächst das Unkraut bloß immer so hartnäckig mit und ist nicht ein für allemal aus der Welt zu schaffen? – Warum wächst in unserem Leben so manches mit, was wir niemals wollten? Was wir uns ganz anders vorgestellt hatten und was die Harmonie stört? Wir hatten unsere Vorstellungen vom Leben, und dann passiert etwas, das alles über den Haufen wirft.

Wie ist das mit der viel diskutierten Krise in der Lebensmitte? Bei den Frauen sprechen wir von den Wechseljahren, bei den Männern nennen wir das die Midlifecrisis. Wir haben alle in uns den Traum vom ewigen Sommer und müssen doch weitergehen in den Herbst und Winter.

Gegen Ende des Sommers kommt so eine Zeit, wo wir uns auf einmal ungewohnt mehr Gedanken machen um alle und alles um uns herum, wo wir weinen und selbst nicht wissen weshalb, wo uns ein Maulwurfshügel wie ein hoher Berg vorkommt. Auf einmal spüren wir: Die Nerven sind nicht mehr so stabil wie früher. Wir werden sensibler und sind insgesamt nicht mehr so robust und belastbar. Unsere Fahrt durchs Leben scheint in einer Flaute zu stecken.
Könnte es sein, dass dies alles nicht nur mit den Hormonen zu tun hat, mit unserer biologischen Veränderung, sondern dass uns das Leben in dieser Zeit ganz leise Fragen stellt? Es ist Zeit für eine Zwischenbilanz!

Wie beim Fußballspiel. Nach der ersten Halbzeit wird in der Kabine besprochen: »Was war gut? Was war schlecht? Wo hat es gehapert? Wie machen wir weiter? Mit der richtigen Einstellung haben wir die besten Chancen!« Wie ist das mit unserer Zwischenbilanz? Wehmütig fragen sich viele Frauen in der Lebensmitte: »War das jetzt alles, was mir das Leben zu bieten hat? – Ich habe viel erreicht, ja. Ich kann auf vieles stolz sein, ja. Aber ist das schon alles, gibt es nichts Neues mehr unter der Sonne, kommen jetzt nur noch Wiederholungen? Geht es jetzt womöglich schon bergab, kräftemäßig und gesundheitlich? Ich bin immer

für alle da gewesen. Wenn ich mal Hilfe brauche, wer wird dann wohl für mich da sein? Ich weiß, dass vieles so nicht weiter geht, wie es jetzt ist – aber wie finde ich neue Wege und den Mut für Veränderungen? Was ist aus meinen guten Vorsätzen geworden? Wie komme ich klar mit dem, was ich versäumt und falsch gemacht habe? Da ist ein weit auseinander klaffender Graben zwischen meinem Leben, wie es ist – und dem, was ich mir immer vorgestellt hatte. Die ich bin grüßt sehnsüchtig die, die ich sein möchte!«
Unsere Sofas bekamen im Laufe der Jahre Flecken und unsere Möbel Kratzer.

Dasselbe geschah mit unseren Idealen! Wir haben unsere Unschuld verloren. Es ist vieles daneben gegangen. Unsere sorgfältig gebügelte Lebenslandschaft hat Falten bekommen. Und natürlich gab es im Sommer des Lebens so manches Gewitter, das uns Angst machte und vieles zerstörte! Natürlich können wir in der besagten Krise der Lebensmitte einen Teppich über unsere Fragen und alles Unschöne legen. Auf diesem Teppich können wir tanzen und alles verdrängen. Aber manche Depression in der Lebensmitte ist auch eine heilsame Chance, ehrlich zu werden mit uns selbst und mit der Nüchternheit des Lebens. Ist es nicht eine Einladung, daran zu wachsen und unseren eigenen Lebensentwurf und unser Weltbild noch einmal zu überdenken?

In der Zeit der Lebensmitte wird die Frage nach

Gott auf eine neue Weise aktuell. Den Kinderschuhen des Glaubens sind wir entwachsen. Das Konfirmationskleid passt längst nicht mehr. Wir brauchen jetzt einen »erwachsenen« Glauben, einen, der trägt, wenn es schwierig wird, einen, bei dem wir unseren Verstand nicht an der Garderobe ablegen müssen. Wir kommen nicht umhin, nach dem Sinn allen Lebens zu fragen. Wer könnte denn ohne Hoffnung leben und ohne diese Gewissheit, dass Leben immer noch viel mehr ist als die Realität, die wir wahrnehmen können!

In dieser Zeit brauchen wir jemanden, dem wir unsere Geschichten einmal oder immer wieder erzählen können. Mit dem wir uns Gedanken machen können, warum manches so gekommen ist, wie es gekommen ist. Wir brauchen jemanden, bei dem wir uns ausheulen dürfen, ohne verklagt oder belächelt zu werden, wo wir die Altlasten ablegen dürfen, die wir mit uns herum schleppen und die uns krank machen, wo wir die Verwirrungen aufarbeiten können, in denen wir stecken.

In der Krise der Lebensmitte brauchen wir jemanden, der uns an die Hand nimmt und sagt: »Komm, nun lass uns nicht traurig sein, dass das Glas deines Lebens schon halb leer ist, lass uns anfangen, aus dem noch halb vollen Glas ganz genüsslich zu schlürfen!«

Der Herbst

Meine Schwiegermutter stickte mir eine wunderschöne Türschleife. Darauf steht: »Auch der Herbst hat schöne Tage!« Herbsttage können etwas Wunderschönes sein. Wir sprechen nicht umsonst vom »goldenen Oktober«. Die Kenner unter den Wanderern wandern im Herbst. Da ist der Wald so leuchtend wie zu keiner anderen Jahreszeit. Es gibt eine Orgie an Farben und Früchten. Die Luft ist klar und der Blick ist weit.

Der Herbst ist die Zeit der Reife. Die Früchte reifen und Menschen werden zu reifen Persönlichkeiten. Sie können unterscheiden, worauf es im Leben ankommt und was belanglos ist. Sie fallen nicht mehr auf alles herein und sind keine Zielgruppe mehr für alle, die ihnen etwas vormachen wollen! Der Herbst ist die Zeit der Ernte. Wir ernten, wofür wir ein ganzes Jahr lang gearbeitet haben. Auf Winzer- und Erntefesten ist die Freude spürbar über das, was alles gewachsen ist. Die Erntezeit ist eine ganz besondere Zeit! Fragen Sie einmal einen Landwirt, wie ihm in dieser Zeit zumute ist. Im Herbst des Lebens wird geerntet, was wir angelegt haben. – Da zeigt sich in aller Deutlichkeit, welche Saat wir im Laufe unseres Lebens gelegt haben. »An ihren Früchten werdet ihr sie erkennen!« steht in der Bibel.

Wer Freundschaften sorgfältig pflegte, der hat jetzt gute Freunde. Nicht oberflächliche Partybekanntschaften, sondern Freunde, die ihn tragen und die ihm wohltun, wenn das Leben in die Jahre kommt. Wenn man nicht nur miteinander feiern und lachen kann – sondern ab und zu auch Grund zum Weinen hat.

Wer ein Leben lang fleißig war, kann jetzt den Lohn für seine Arbeit genießen. Irgendwann flattert der Rentenbescheid ins Haus – und die Sparsamkeit trägt ihre Früchte! Wer sich ein Leben lang – mit aller Plackerei, die seinen Alltag bestimmte – Zeit genommen hat für Schönes und Wohltuendes – unter dem Motto: »Es gibt ein Leben vor der Rente«, der muss jetzt nicht das Gefühl haben, er habe unendlich viel verpasst.

Wem es wichtig war, das Gespräch mit seinem Ehepartner zu pflegen – und nicht gleichgültig oder pampig zu werden im Umgang miteinander, der kann die Zweisamkeit genießen, nachdem die Kinder aus dem Hause sind. Partner können wieder ganz neu zueinander finden, viel Zeit füreinander haben und sozusagen die zweiten Flitterwochen erleben.

Wer immer viel Wert auf das Leben in der Familie legte, der kann sich jetzt über seine Kinder und Enkelkinder freuen. Er spürt, dass sein Lebenswerk fortgesetzt wird, auch wenn er das Staffelholz der Verantwortung längst an die nächste Generation übergeben hat. Das tut gut, wenn jemand im Herbst des Lebens merkt, dass er gebraucht wird von seinen Kindern, dass er nicht abgeschoben wird aufs Abstellgleis, sondern ein Zuhause hat, ein warmes Nest, in das er sich flüchten kann.

Im Herbst des Lebens ernten wir, wie wir unsere Jahre gestaltet haben. Es gibt eine alte Weisheit: Alles, was wir tun, alles, was wir sind, hat Konsequenzen! Die Früchte unserer Lebensweise ernten wir meist erst zehn, zwanzig oder dreißig Jahre später. Auch wie wir unsere Seele gepflegt und unseren Charakter geformt haben, trägt Früchte. Und unser Körper: Wie wir ihn in Form gehalten oder vernachlässigt haben, auch das trägt Früchte. Der Umgang mit unseren Mitmenschen – ob wir fair oder zickig waren, das trägt auch seine Früchte.

Wenn wir mit der Brille der Ehrlichkeit die Ernte unseres Lebens betrachten, wird ein ganz altes Wort für uns entscheidend wichtig. Es heißt: Gnade. Die Gnade erteilt uns Absolution für alle Mittelmäßigkeit, für Fehlwuchs oder das, was wir anderen schuldig geblieben sind. Die Gnade spricht das Wort, das uns entlastet: *Vergebung*. Wir sind mehr als unsere Ernte-Ergebnisse. Die Gnade hilft uns, über verschütteten Wein einmal kräftig zu weinen und dann befreit auf die Zukunft hin zu leben.

Außerdem: Manches, was in unserem Leben gewachsen ist, hatten wir selbst gar nicht im Griff.

Wir schreiben nicht ganz allein an unserer Biographie. Es schreiben noch viele andere mit, ob es uns passt oder nicht.

Wie unser Herbst wird, hängt jedoch zu einem Großteil mit unserer inneren Einstellung zusammen, ganz besonders mit der Frage, wie wir loslassen können.

Wie ist das, wenn die kleinen und großen Abschiede kommen?

Waren viele Frauen gerade noch froh, ihre Kinder »aus dem Gröbsten heraus« und endlich etwas Freiraum für sich selbst zu haben, stellen sie fest, dass die jungen Erwachsenen schneller aus dem Haus sind und ihre eigenen Wege gehen, als sie sich das je gedacht hätten. Nicht mehr gebraucht zu werden, ist für viele Mütter ein ganz schrecklicher Gedanke. Sie fallen in ein »schwarzes Loch«, es ist, als sei ihnen ihr Lebensinhalt, ihre Lebensaufgabe abhanden gekommen. Gerade die Frauen, die alles hintanstellten, um für ihre Kinder da zu sein, die trifft es besonders hart. Und viele sehnen sich in ihrem »Leeres-Nest-Syndrom« zurück nach vergangenen Zeiten, als die Kinder noch klein waren, auch wenn ganz viel Arbeit damit verbunden war.

Im Herbst der berufstätigen Frauen kommt die Rentenzeit. Wenn der Chef dann wenigstens sagen würde: »Wenn sie gehen, macht unsere Firma pleite!« – Aber zu spüren, wie schnell wir alle zu ersetzen sind, das ist nicht so leicht wegzustecken, das ist wie ein Stich, der uns ganz empfindlich trifft. Von heute auf morgen ist jemand da, der unsere Arbeit weiterführt. Es bricht nichts zusammen, wenn wir nicht mehr unseren Platz einnehmen. Die Welt dreht sich weiter, ob mit oder ohne uns!

Der Herbst bringt Freiräume. In der Natur fallen die Blätter von den Bäumen und geben den Blick frei, die Felder sind abgeerntet und leer. Auch beim Menschen ist das so: Es gibt Freiräume im Haus, in den Gedanken und im Kalender. Wie werden wir sie nutzen? Bestimmte berufliche Verpflichtungen sind nicht mehr da. Aus dem einen oder anderen Ehrenamt haben wir uns verabschiedet. Die Kinder brauchen uns nicht mehr in dem Maße wie früher. Wir haben es in der Hand, wie wir unsere Tage unter den neuen Bedingungen einteilen.

Wie werden wir unsere neu gewonnenen Freiräume nutzen – zumindest den Teil, den wir jenseits mancher Zwänge selbst bestimmen können?

Es gehört zum Herbst dazu, dass die Blätter sich verfärben und von den Bäumen fallen. Auch unsere Haare verfärben sich und werden insgesamt etwas dünner ... Die teuersten Behandlungen beim Zahnarzt stehen an, und ohne Brille geht es gar nicht mehr. Alles nimmt ab und wird weniger. Nur an manchen Stellen, da, wo wir's am wenigsten gebrauchen können, da wird es oft leider eher etwas mehr als früher!

Die Haut wird dünner und neigt zur Faltenbildung. Das Gesicht einer Herbstfrau ist dann wie die Kurzschrift ihres Lebens. Unsere Stirnfalten zeigen an, dass wir nachgedacht und gestaunt und konzentriert geschaut haben. Ich weiß nicht, worauf Sie besonders stolz sind, aber wenn Sie in Ihrem Leben viel nachgedacht, gestaunt und konzentriert gelebt haben – darauf können Sie sehr stolz sein. Zwischen den Augen entstanden Fältchen, wenn wir ohne Schutz in die Sonne schauten, wenn wir skeptisch, ängstlich und voller Sorgen waren. Ja, es war nicht immer leicht. Auch ist heute so vieles um uns herum, mit dem wir nicht fertig werden, wo wir viel mehr Fragen haben als Antworten. Na und? Auf die kleinen Fältchen neben den Augen bin ich besonders stolz! Die bekommen wir nämlich dann, wenn wir mit den Augen lachen – und das Lachen mit den Augen ist ein echtes Lachen, das von innen kommt. Wer nur müde die Mundwinkeln nach oben zieht, dessen Lachen ist nicht echt, es kommt nicht aus dem Herzen. Ist es nicht schön, wenn wir viel gelacht haben?

Wie gehen wir mit den Falten um? Sollen wir uns jetzt liften lassen? Ich habe beschlossen, dass ich das Geld für einen solchen Eingriff sinnvoller anlegen möchte. – Ich möchte ganz selbstbewusst

sagen: Das bin ich! Das haben meine Jahre aus mir gemacht! Ja, ich habe geweint, ich war wütend, ich habe Sorgen gehabt, ich habe gelacht und war ratlos – ich habe auf Tischen getanzt und ganz am Boden gelegen. Das gehört alles zu mir dazu, und das muss und will ich vor keinem Menschen verbergen. Bei den Autoreifen fordern wir Profil. In unseren Gesichtern darf doch auch jeder sehen, dass wir Profil haben, dass viel gelebtes Leben darin verborgen ist. Jede Falte steht für gelebtes Leben. Wer keine Falten hat, der hat auch nicht gelebt. Wenn wir die Falten und die Spuren, die das Leben im Laufe der Jahre hinterlässt, nicht akzeptieren können, ist es, wie wenn der Gewinner der Tour de France seinen Pokal nicht an den schönsten Platz im Haus stellen, sondern ihn irgendwo verstecken würde. Sollten wir zu unserem Lebenswerk nicht stehen?

Ich spiele Tischtennis. Nach einem Punktspiel traf ich in der Umkleidekabine eine Spielerin, der eine Brust abgenommen worden war. Jede Frau ahnt oder weiß, was das bedeutet. An diese Spielerin, sie war so um die 50 Jahre, muss ich immer wieder denken – besonders an Tagen, an denen ich mich scheinbar grundlos in Selbstmitleid bade. Diese Frau schämte sich nicht, mit den anderen unter die Dusche zu gehen. Sie konnte ganz offen darüber sprechen, wie wichtig es für sie ist, dass sie trotz ihrer Krankheit wieder Sport treiben kann. Viele Monate lang hatte sie sich in ein Schneckenhaus zurückgezogen und mochte nicht unter Menschen sein. Nun spielt sie wieder. Diese Spielerin hatte ihren größten Sieg nicht hinter der Tischtennisplatte errungen, sondern indem sie diesen schmerzlichen Teil ihrer Lebensgeschichte akzeptierte – und nun versucht, damit zu leben. Sie weiß: »Ich bin mehr als meine Krankheit. Ich muss nach vorne leben und brauche nicht aufzugeben.« Es ist etwas ganz Großes, wenn einem Menschen nach einer solchen Krise von irgendwoher die Kraft zuwächst, dass er aufstehen und mutig weitergehen kann. Entscheidend ist nicht allein, woher der Wind weht und wie stark er weht. Entscheidend ist, wie wir unsere Segel setzen!

Ja, im Herbst frischt der Wind stark auf. Wohl dem Menschen, der dann Mühlen baut, um den auffrischenden Wind zu nutzen. Er ist besser dran als der, der sich dem Wind mit aller Kraft entgegenstemmt.

Es liegt auch eine seltsame Melancholie in der Herbststimmung. Wir spüren: Der Übergang in eine andere Zeit bricht an. Im Herbst fegt mancher Sturm ums Haus. Es kommen Tage, die gefallen uns nicht. Es ist die Zeit des Abschiednehmens. Der Weg führt uns immer öfter auch auf den Friedhof. Im Herbst ist es Zeit, das Haus zu bestellen und winterfest zu machen.

Ich sehe das bei meinen Eltern: Es hat gar nichts Beklemmendes, nein, es tut ihnen gut, wenn sie

Papiere ordnen und ihr Testament machen und festlegen, wer später was erben soll, damit es im Nachhinein keinen Streit gibt. Wie oft schon lösten nicht vernünftig oder gar ungeregelte Erbangelegenheiten ein völliges Chaos in Familien aus.

Im Herbst ist auch Zeit, Bilanz zu ziehen, Rückschau zu halten und die Spreu vom Weizen zu trennen: »Welche Erfahrungen möchte ich nicht missen? Was hat mir immer wieder Kraft zum Leben gegeben, auch, wenn es schwer für mich war? Wen muss ich noch um Verzeihung bitten, weil ich ihm weh getan habe und ihm vieles schuldig geblieben bin? Was wollte ich bewegen in meinem Leben – und was ist daraus geworden? Mit welchen Ereignissen meines Lebens bin ich bis heute noch nicht versöhnt – und wie kann ich Frieden schaffen in mir selbst, mit anderen, vielleicht auch mit Gott?

Wenn ich mit meiner Mutter zu einer Beerdigung gehe, dann sagt sie manchmal: »So stelle ich mir das später einmal vor: So wünsche ich mir den Sarg und den Blumenschmuck. Diese Lieder sollen gesungen werden. Da möchte ich später einmal liegen und für meine Turnschwestern lege ich etwas Geld zur Seite. Die sollen in Erinnerung an mich noch einmal zusammenkommen.« Ich habe nicht den Eindruck, dass meine Mutter depressiv ist. Sie versucht, sich mit diesem Schritt, der zu jedem Leben unausweichlich dazugehört, vertraut zu machen. Es lebt sich vorher viel entspannter, wenn wir uns mit dem Ende versöhnt haben. Früher legte man in vielen Gegenden den jungen Mädchen zur Hochzeit ein Leichentuch mit in die Aussteuer-Truhe. Der Tod wurde nicht verdrängt und zum Tabu erklärt wie heute. Er gehörte zum Leben selbstverständlich dazu. Heute steht in den Illustrierten, was Siebzigjährige alles tun können, um ihre Jugendlichkeit zu behalten. Ich finde das wunderschön, wenn eine Frau mit siebzig Jahren vital und attraktiv und geistig rege ist. Aber ab und zu den Tod bedenken und sich nichts vormachen, das ist weise und gesund – und hilft uns, die richtige Einstellung zum Leben zu bekommen.

Ein herbstlicher Mensch muss das Loslassen lernen. Darin sind sich alle Psychologen und Ärzte einig: Diejenigen werden besser mit Lebenskrisen und mit dem Älterwerden fertig, die sich fallenlassen können, die nicht alles krampfhaft und ängstlich festhalten wollen. Gelassenheit bekommen wir, wenn wir etwas loslassen können, z.B. auch die Vorstellung, wie unser Leben ablaufen sollte – und wie wir selbst uns gerne hätten!

Loslassen ist auch angesagt für die vielen Dinge, die wir im Laufe des Lebens angesammelt haben. Kennen Sie auch diese berühmten »Gerümpel-Ecken« im Keller, auf dem Dachboden oder sonstwo? Da liegt so viel Zeug, dass uns ab und zu beunruhigend der Gedanke überfällt: »Hoffentlich passiert mir nichts und irgend jemand muss mein

Chaos beseitigen!« Im Herbst des Lebens ist es Zeit zu entrümpeln, endlich Ballast abzuwerfen, sich zu trennen von dem, was wir nicht brauchen!

Viele Herbstfrauen sagen: Manchmal denke ich, ich bin doch jetzt gerade erst ganz am Anfang. Jetzt habe ich den Eindruck, ich fange so langsam an, etwas vom Leben zu verstehen. Jetzt wünschte ich mir noch so viel Zeit, um mit meiner reifen Lebenserfahrung das eine oder andere noch einmal ganz anders anzugehen.

Gartenkenner legen im Herbst noch einmal Möhren und Zwiebeln. Die sollen besonders gut werden. Im Herbst können wir noch einmal fragen: Was hätte ich mein Leben lang gerne gemacht und hatte nie die Gelegenheit dazu? Ich will noch einmal etwas anfangen. Natürlich ist das abhängig von unseren finanziellen Verhältnissen und von unserer gesundheitlichen Verfassung, aber Neuanfänge sind möglich mit 18, 38, 58 und 78. Das ist wichtig, dass wir immer wieder aufbrechen und offen sind für Neues. Sonst erstarren wir und werden alt und stickig. Ist es nicht schön, dass wir innerlich so jung und frisch bleiben können, selbst wenn wir nach außen schon öfter mal etwas Jugendfrische aus der Tube brauchen?
Ist das nicht herrlich, dass es Frühlingstage mitten im Herbst und tiefsten Winter geben kann?

Der Winter

Der Winter ist für viele Menschen eine urgemütliche Zeit! Draußen ist nicht viel zu tun. Die Abende sind herrlich lang. Endlich Zeit zum Lesen, zum Handarbeiten, zur Geselligkeit, für eine »langsamere Gangart«. Es gibt wunderschöne Tage im Winter, eine unbeschreibliche Weitsicht, faszinierende Schneelandschaften, zauberhafte Eiskristalle, viel Spaß beim Schlittenfahren, gemütliche Abende am warmen Ofen mit Bratäpfeln und Glühwein im Kerzenschein.

Aber es ist auch schwer, mit dem Winter versöhnt zu sein, mit den kahlen Bäumen, mit der langen Dunkelheit und der kargen Landschaft. Im Frühjahr fahren Hunderte von Bussen zur Apfelblüte ins Alte Land. Die Menschen genießen und fotografieren diesen herrlichen Anblick. Im Winter kommt keiner, um sich die kahlen Bäume anzusehen ...

Der Winter ist auch eine eisige und ungemütliche Zeit. Er kann sehr lang und sehr beschwerlich sein. Es gefällt uns nicht, hilfsbedürftig zu werden und abhängig von anderen zu sein, immer wieder fragen zu müssen: »Würdest du mich da und dort hinbringen, könntest du dies und das bitte für mich erledigen, ich schaffe es alleine nicht mehr.« Das ist gegen unsere Würde und verletzt unseren Stolz.

Viele Menschen sind Weltmeister im Helfen, Zupacken und Tüchtigsein, sie tun alles für andere – aber sie sind Stümper, wenn es darum geht, selbst auf die Hilfe anderer angewiesen zu sein.

Ob wir gelernt haben, uns helfen zu lassen, entscheidet sich nicht erst, wenn wir uns selber nicht mehr an- und ausziehen können.

Ob wir allein sein können und etwas mit uns anzufangen wissen, entscheidet sich schon in jungen Jahren.

Ob wir es ertragen können, nicht mehr im Mittelpunkt zu stehen, entscheidet sich auch schon viel früher!

Für alle, die ängstlich am Leben hängen, kommt im Winter eine schlimme Zeit. Besser dran sind die, die den Tod als zum Leben gehörend nicht verdrängen. Sie erleben dankbar Tag für Tag, Stunde um Stunde. Nicht jeder kann sagen, was mir neulich eine 80-jährige liebe Freundin mit einem Unterton von Gelassenheit sagte, als wir auf alle möglichen Krankheiten zu sprechen kamen: »Dann wollen wir mal sehen, was wir uns davon aussuchen werden!«

Nein, es geht auch die Angst um – vor Einsamkeit, Schmerzen und Sterben! Wie werden wir dem Altwerden begegnen? Es gibt Menschen, die schauen schweigend in den Abend und wissen um die Weite des Lebens, um diese seltsame Mischung von Lachen und Weinen, Angst und Zu-

versicht, Ehre und Schande, Leichtem und Schwerem, Maske und Wahrheit, stark sein und ein Häufchen Elend sein. Sie wissen, wie das Leben ist, ohne viele Worte darüber zu verlieren. Altersweisheit?

Es gibt andere, die bleiben bei ihren alten Sätzen: »Ich habe immer nur das Beste gewollt. Ich habe mir nichts vorzuwerfen. Das habe ich schon immer gewusst.« Sie verbrauchen viele Kräfte, um ihre Biographie im Nachhinein schönzufärben – und um sich ohne Ende selbst zu rechtfertigen und ins rechte Licht zu rücken. Altersstarrsinn?

Das Menschenleben scheint seltsam eingerichtet zu sein: Nach den Jahren der Last hat man später die Last der Jahre zu tragen. Die Arbeit macht immer mehr Mühe, es geht einem nichts mehr so leicht von der Hand. Und das, was einem in jungen Jahren so viel Spaß gemacht hat, kostet jetzt oft zuviel Kraft.

Eine seltsame Stimmung lag in der Luft. Vater spürte, dass die Kraft zum Rasenmähen nicht mehr reichte. Sein ganzes Leben lang hatte er gerne den Rasen gemäht. Eigentlich hätte er sich freuen können, seinen Enkel auf dem Aufsitzmäher zu beobachten. Aber das Herz war ihm sehr schwer an jenem Tag. Er schaffte nicht mehr, was er immer geschafft hatte.

Die Tage werden kostbarer. Ein eigenartiger

Glanz liegt über den kleinen und großen Freuden. Es werden keine großen Zukunftspläne mehr geschmiedet. Die Hoffnung übt sich in Bescheidenheit. Auch gibt es keine großen Sprünge mehr. Im Winter des Lebens geht man in kleinen Schritten von einem Tag zum anderen. Diejenigen sind gut dran, die dankbar sind für alles, was ihnen jetzt, mit einem kleineren Aktionsradius, mit manchen gesundheitlichen Problemen, noch möglich ist, die danken können für die kleinen Freuden und Genüsse. Schwerer haben es die Menschen, die ständig das beklagen, was ihnen jetzt nicht mehr möglich und als Last auferlegt ist, was sie alles verloren haben an Gesundheit, Beweglichkeit und Lebensqualität.

Viele Freunde und Verwandte sind nicht mehr da. Die Frage: »Weißt du noch – früher ...?« bleibt immer öfter ohne Antwort. Es sind nicht mehr viele da, mit denen wir uns erinnern können an fröhliche Zeiten und große Erlebnisse. Gerade im Alter leben Menschen von Erinnerungen und möchten wieder und wieder erzählen, immer wieder in den Fotoalben entdecken, was ihr Leben einmal ausgefüllt und reich machte. »Wer's im Winter warm haben will, der muss im Sommer für das Brennholz sorgen!« Im Winter leben Menschen ganz entscheidend von dem, was sie in der Vergangenheit erlebt haben. Das ist ihr Schatz. Wenn auch manches aus der Gegenwart schnell wieder vergessen wird und sie immer öfter auf der Suche nach der Brille oder dem Schlüssel sind – das Langzeitgedächtnis funktioniert erstaunlich gut. Davon lebt die Seele!

Alter bedeutet jedoch nicht, dass wir alles Wesentliche hinter uns haben – und nun müssen wir uns leider noch ein paar Jahre quälen. So eine Art freudloses Nachspiel, wenn der Höhepunkt längst überschritten ist. Das wäre eine miserable Dramaturgie des Lebens. Das Alter ist nicht der Rest Jugendkraft. Es ist noch einmal etwas ganz Neues und Besonderes. In anderen Kulturen begegnet man den alten Menschen mit einer besonderen Hochachtung, schätzt ihre Weisheit und ihr Lebenswerk. Das Alter sollte eigentlich die wichtigste Zeit im Leben sein. Es ist etwas sehr Erhabenes – es ist der Schritt von der Zeit in die Ewigkeit. Wie werden wir diesen Schritt von der Zeit in die Ewigkeit gehen? Vielleicht werden vielen von uns ganz erstaunliche Gedanken kommen, z.B.: »Ach, Gott, dich gibt es ja doch. Ich dachte immer, es gäbe nur meine kleine Welt, soweit, wie mein Horizont reichte. Ich dachte immer, es gäbe nur meine Prioritätenliste, meine Sicht der Dinge; auf einmal sehe ich weiter, viel weiter.

Ach, Gott, es war so vieles gar nicht wichtig, wofür ich mich im Leben aufgerieben habe. Diese ganzen Äußerlichkeiten, worum wir immer so einen Wind machten, du meine Güte, wie sehr verbraucht sich das alles! Wie oft habe ich unter einem Berg von Sorgen und Problemen gar keinen

Blick dafür gehabt, was ich für ein herrliches Leben hatte.

Ach, Gott, ich habe manche Stunde mit den Kindern, mit den Eltern und Freunden verpasst, weil ich immer so unendlich viel um die Ohren hatte. Ich habe so viel verletzt und zertrampelt im Leben. Ich habe so viel Zeit für die Arbeit, für das In-Schuss-halten von Wohnung, Garten und Kleidung verbraucht – und habe nicht gemerkt, wie meine Seele dabei blass geworden ist. Es gibt wohl kein Leben ohne Schuld. Unser Leben ist immer nur ein Fragment. Aber jetzt ahne ich, was Gnade ist!

Ach, Gott, jetzt sehe ich alles in einem ganz anderen Licht. Sterben ist ja gar nicht der schreckliche Schlusspunkt, das entsetzliche Aus. Es ist ein wunderbarer Neuanfang. Jetzt sehe ich, wie du dir alles gedacht hattest mit dieser Welt und mit meinem Leben. Jetzt habe ich Durchblicke, wo ich mich ein ganzes Leben lang mit Fragen und Sorgen und Angst gequält habe.

Ach, Gott, ich freue mich, dass ich jetzt wie eine kleine Raupe die Erdenschwere und die Last meiner Jahre abschütteln kann und zum Schmetterling werde, zum Menschen, der auf ewig seine Heimat findet bei dir, ohne Tränen, ohne Schmerzen, so, dass mich niemand und nichts mehr verletzen kann. Jetzt finde ich endlich, wonach ich mich ein Leben lang gesehnt habe.«

Im Alter ist es wichtig, dass wir gute Freunde haben, die zu uns halten, egal, was kommt. Wir brauchen Menschen, die nicht weglaufen, wenn's schwer wird. Solche Menschen fallen nicht vom Himmel. Freundschaften brauchen Pflege. Wir dürfen ein Leben lang üben, für einen anderen Menschen verantwortlich zu sein, nicht an der Oberfläche zu bleiben, sondern dem anderen einen Blick ins unser Herz zu gewähren.

Haben Sie einen Menschen, den Sie auch nachts um zwölf noch anrufen können, mit dem Sie auch über Ihre Angst und über innere Not sprechen können, der ein Wort für Sie hat, wenn Sie selbst nicht mehr weiterwissen?
Und – für wen könnten Sie vielleicht selbst solch ein Mensch sein?

Zu guter Letzt …

Jede Jahreszeit hat ihre Lust und ihre Last, ihre Engpässe und ihre weiten Räume, ihre Reize und ihre Schwermut. Für mich gibt es zwei kleine Worte, die mir helfen, mit dem Wechsel der Jahreszeiten umzugehen.

Das erste Wort heißt: JETZT.
Die Zeit, die uns gehört, ist immer das Heute, das Jetzt. Ob der Segen eines Menschenlebens allein darin liegt, dass wir alle so alt werden wie Methusalem, das weiß ich nicht. Aber es liegt ein Segen darin, wenn wir aus dem HEUTE das Bestmögliche machen, aus jedem einzelnen Tag.
Sagen Sie nicht mehr: »Später!«
Verschieben Sie Ihr Leben nicht in die Zukunft, so unter dem Motto:
Wenn ich erst mal mehr Zeit habe, dann …
Wenn ich erst mal dies und das erledigt habe, dann …
Wenn ich das erst mal überstanden habe, dann …
Wenn ich erst mal Rentner bin, dann …
HEUTE ist die Zeit, die uns gehört und die wir mit Leben füllen können. Es ist wohl etwas dran, wenn der Volksmund sagt: »Wenn die Zeit kommt, dass man könnte, ist oft schon die Zeit vorbei, wo man kann!«

Es gibt Menschen, die haben auf alles mögliche verzichtet, die haben sich abgestrampelt, weil sie ein großes Ziel erreichen wollten. Sie waren davon überzeugt, dann ginge ihr Leben richtig los – und dann kam alles ganz anders! Manche Leute haben sich mit unendlich vielen Was-wäre-wenn-Fragen das Leben schwer gemacht. Sie konnten das Heute nie genießen und unbeschwert anpacken, weil sie sich ständig Sorgen um das Morgen machten: »Was wird wohl noch alles auf uns zukommen?« Außerdem waren sie gefangen von den Altlasten der Vergangenheit und konnten nicht sagen: »Glücklich ist, wer vergisst, was nicht mehr zu ändern ist.«

Wenn wir die Geschirrberge sehen würden, die wir im Laufe unseres Lebens abzuwaschen haben, ich wette, jede von uns würde resignieren oder sich an den Kopf ticken und sagen: »Ich bin doch nicht verrückt! Das sind ganze Scheunen voll an dreckigem Geschirr!« Zum Glück haben wir jeden Tag nur eine überschaubare Menge zu bewältigen. Das ist mit dem Geschirr so und mit dem Lebenspensum auch. Mit der »Salami-Taktik« können wir es packen, wenn wir immer nur die kleine Einheit des HEUTE im Blick haben! Das ist ein Geheimnis der Lebensfreude und des Lebenserfolges. Mit der gebündelten Kraft eines Laserstrahles das HEUTE angehen.

Ich bitte dich, Herr, um die große Kraft,
diesen kleinen Tag zu bestehen,
um auf dem großen Weg zu dir
einen kleinen Schritt weiterzugehen.

Von Ernst Giusberg

HEUTE, in dieser kleinen Einheit, will ich dem Raum geben, was ich mir unter einem guten, sinnvollen, mich zufrieden machenden Leben vorstelle.

Das zweite Wort heißt: JA.
Sie wissen das: Wenn wir zu Weihnachten frische Erdbeeren auf dem Tisch haben wollen, müssen wir einen hohen Preis dafür bezahlen. Wer hoffnungslos in den Frühling und Sommer verliebt ist, nach der Melodie: »Schön ist die Jugend, dann kommt nichts mehr!«, der wird es schwer haben im Leben und muss einen hohen Preis für die Einstellung bezahlen, dass er seinen Weg durch die verschiedenen Zeiten nicht akzeptiert.

Mit 40 bin ich nicht mehr so straff und unbeschwert wie mit 20. Mit 60 bin ich nicht mehr so leistungsstark wie mit 40. Und wenn ich mit 80 noch nicht mit dem Sterben versöhnt bin, dann ist das wirklichkeitsfremd. Jeder, der das Verfallsdatum der menschlichen Hülle überlisten will, lügt sich etwas vor. Das Leben hat seine Jahreszeiten. Von der Natur wissen wir: Der Baum muss die Blüte verlieren, sonst kann er keine Frucht bringen. Die Raupe muss die schmackhaften Kohlgerichte hinter sich lassen, wenn sie ein Schmetterling werden will, wie es ihre Bestimmung ist.

Wer weiß, dass unser Frühling, Sommer, Herbst und Winter eingebettet ist in einen großen, tragenden Rhythmus des Lebens, der kann mit größerer Leichtigkeit und Weisheit durch seine Jahreszeiten gehen. Ich bin ein Staubkorn mittendrin, obwohl ich mich ja ständig für den Mittelpunkt der Weltgeschichte halte. Und doch war es kein Zufall und kein Unfall, sondern eine Sternstunde Gottes, als *Sie* geboren wurden. *Er hat Sie und mich gewollt.*

Egal, in welcher Jahreszeit wir stehen, ob als quietschendes, in die Windeln machendes Baby, ob als stürmischer Teenager, als tüchtige Frau oder als tatterige, hilflose Oma – wir kommen alle aus der Ewigkeit, um irgendwann wieder dahin zurückzugehen. Wie gut, dass wir die Kraft zu leben nicht aus uns selbst schöpfen müssen, sonst wären wir bald erschöpft. Wir können uns fallenlassen in die Hände eines Gottes, der unser ganzes Universum und jedes einzelne Menschenleben umgibt.

Unsere Jahreszeiten sind eingebettet in einen großen Plan. Es geht nicht aufs Ende zu mit uns, wenn wir älter werden – und diese Welt ist kein trostloser Irrgarten. Wir gehen auf ein Ziel zu, wo das Leben ist, von dem wir hier träumen, nach dem wir hier Sehnsucht haben. Das Schönste liegt noch vor uns.

Etwas Wichtiges möchte ich nicht unterschlagen: In allem Wandel des Lebens, zwischen seinem Auf und Ab, zwischen Niederlagen und Erfolgen, zwischen Blühen und Verwelken, haben wir Sehnsucht nach etwas Konstantem, nach dem, was uns trägt, wenn alles ins Wanken gerät. Ich nenne es den Fels in der Brandung, das Non plus ultra, den, der größer ist als ich selbst, der mir weiterhilft, wenn ich am Ende bin, der die angsteinflößende Grenze des Todes überschritten hat.

Ich nenne ihn Gott, Vater, Sohn und Heiliger Geist.